VAGÓN DE IDA

Antología poética

María Palitachi

No part of this publication may be reproduced, stored in a retrieval system, or transmitted in any form or by any means, electronic, mechanical, photocopying, recording, or otherwise, without written permission of the publisher. For information regarding permission, write to Jade Publishing, P.O. Box 1528 Donna, TX. 78537.

www.jadepublishing.org

ISBN-978-1-949299-02-1

© 2018 by María Palitachi.
All rights reserved. Published by Jade Publishing,
P.O.Box 1528 Donna, TX. 78537.

Printed in the U.S.A.

VAGÓN DE IDA

María Palitachi

Huellas

Estas huellas
como el viento agitan lo perdido
persiguen mi sombra

En vano regreso a buscarlas:
desmembradas se fueron
con el eco del mundo
al ritmo de "New York, New York"

Hojas derramadas, boñigas de pichón
desatan su dueño a gotas

Mientras
el Hudson se bebe mi surco
mi recuerdo
salpicando el tránsito de la memoria:
Blowing in the Wind
canta Bob Dylan.

Hope

Mi país es una frontera derramada
a ella le muerden su foresta
(para hacer carbón)

en la bandera de mi país
ya no se ve el escudo

cansado de ser usado para limpiar
heces que defecan en las calles

mi país es una frontera rota
que no debió crecer pudriéndose

los cascos azules duermen
como los polis acostados

mi país hoy sombra del racismo
y enjambré usado de cañaverales

Vagón de ida

en mi país no sobra
lo que hoy nos hace falta
                   memoria

las flores son espinas de crematorios
las lechugas marchitas (contaminadas)
por el ejercito sin jardinería

atados al reportaje sombra
en el nombre de la Hispañola
levantan el telón de mi país

el escenario se quiebra
los tambores suenan otros vientos

en otra burbuja clandestina
la hojalata de güiro se oxida
a la intemperie de la ignorancia

hay un pedazo de tierra

Palitachi

que flota sin rumbo como isla
adolorida sin brazos
pañales y campamentos

mienten que se van

mienten que están de paso

ya se quedan se quedan
sin haber llegado.

Click

Imagine,
John Lennon

Click
    click.

De frente

Una nube rasga la tarde
me mira de frente
se impone
camina el aire
y se arrastra al bar
de las ironías

mientras la copa vacía
inunda los recuerdos

en medio de la incertidumbre
sacas un selfie
lo posteas con la mirada
del moderno Prometeo
piensas en el suicidio de Alfonsina
en la quinta sinfonía

de nuevo miras la nube

Vagón de ida

llena de matices
y antes de que se desvanezca
la acompañas al photoshop.

Sola

> Yo no fui destinado a la realidad
> y la vida quiso venir a verme.
> —Fernando Pessoa

Solamente
la guitarra de Hendrix
y el vicio de leer
detienen mis lágrimas

Llega el martes, otro martes
y caigo al vacío
mientras soy habitada por otra:
la poeta de noche alumbrada
desnuda ante su rima
ante la prosa de un verso

Ante la voz de su nombre
aparezco yo.

Némesis en Harlem

Harlem,

crónica lejana
donde las trompetas de jazz
silenciaron a los melómanos

Harlem, filme de mafias yanquis
florecimiento afroamericano
prisionero del sistema:
tu fotografía cayó de la vendimia
la tormenta, aún desconocida
asentó otra leyenda
donde ochenta años te reclaman
la nostalgia que aún retumba
en los silencios
mientras Lou Reed, nutrido de heroína
en el Velvet Underground
"Waiting for the man"

caminaba descalzo por el "wild side"
(sus pies quemados
parecen serpentinas sin baile)

Efímero Harlem,
desahuciaron tu historia
con pasatiempos de hombre blanco

en los decenios del héroe
amigo del pueblo

Camelot del sueño latinoamericano
ilusión envejecida como el rey Arturo

Contemplo tu falla
en la ruta uno, dos, cinco
donde te resguardas
mientras tus arterias se debilitan
por el dolor derramado
a través de las venas

en una historia moribunda
donde te lamieron los *megabusinesses*
te estrangularon los sueños
enmudecidos por el atropello del tiempo
antes del centenario

Oh, Harlem,
almidonando acordeones y trompetas
te han inventado a otro eterno
secando la cuenca del Misisipi

Te acompañan los feligreses
vestidos de góspel
donde los recorridos elípticos
anhelan las piezas de hojalata
para la colección doméstica

Tu piel tostada, más que todas
las tabernas, se convirtieron en bares
sin que te hayas percatado

Palitachi

tus estallidos silenciosos
sólo mueven copas

En el Apolo, el espectáculo
de aficionados
los miércoles por la noche
y la "Casita Azul"
del Museo del Barrio
están en trance

¿Cicatrizarás con el desamor de la orfandad
con el sabor a cucaracha destrozada
y el mapa del dolor en tus espaldas
o con el eco permanente de las heridas
preñadas en tu rostro?

Oh, Harlem, Harlem,
si pudiera tocarle la piel al aire
y quitarle los mil good-byes al saxofón. . .
Hoy te veo de paso, de tránsito

Vagón de ida

descalza, sin burbujas

Y sin embargo, no te reconozco. . .

Amecameca

Paso por la tierra olvidada
para que no se olvide

el bosque de los venados
roza al volcán Popocatépetl

el ombligo de la luna
cae en la nariz de nuestro planeta

la maquinaria atraviesa
los pueblos

la noche se aleja del sol
que oculta toda noche
el paisaje.

En vuelo

Un poema se escribe
cuando choca la mirada
con unas pupilas oscuras

sientes que te quieren devorar
la señal indica abrocharse el cinturón

le miras la hebilla
recorriendo su bragueta
y te das cuenta que el no necesita cinturón
y preguntas ¿cómo se los subió?

sientes presión por el despegue

el cuerpo se pega a la silla
él desaparece y aún no te aseguras
el cinturón

identificas nombres de las montañas
como contar del diez al uno en una

sala de operación

la ciudad se hace invisible
cierras los ojos
y sueñas entre las nubes
el despegue el empaque
el desempaque
sientes que avecina un naufragio
vas al baño en el estrecho pasillo
te rosas su cuerpo entre filas
lo agarras al pasar

el vuelo se hace lento
la cabina pierde presión

te sientes dentro de las nubes
como un lubricante

que te arropa el pecho

las palpitaciones se aceleran
llegas a la meta y te encierras
a vaciar los desechos

quieres salir
cuentas esta vez en orden
desovas los pensamientos
respiras te ahoga el oxigeno
del avión sin Wassap.

De un retrato
I

El arador de Comala
instrumento de muerte
que nace en un calvario

su sonrisa vertical
su huella no hidrata el riachuelo
huérfano de sus crías

la tierra despojada del lodazal
se burla de la búsqueda

no huele a miel
su futuro es un ancla
que no sostiene los por qué/
de la cosecha estrangulada.

II

El hijo del campesino
forzado abandona la tierra
por el pasillo de cuervos

el huerto se embaraza de hojalatas
la fauna se achica

el pueblo amotinado
las semillas desembarazadas

la tierra abandonada
con las manos enterradas
en la cabeza su arado camina

        el rencor
        de un tal
        Pedro Páramo.

Puerta del cielo
A Ramón Pumarol,
amigo de la infancia
(Last Dance)

Cuando muera
resurgiré entre recuerdos
África huérfana
frente al dolor de la India y de Haití

Me mudaré lejos de la sombra
iré hasta donde la lluvia se cuela
ataúd rebosante de lágrimas

Cuando muera
me picarán las hormigas
como al niño descalzo sobre la grama
y los gusanos saborearán
mi desnuda piel

Vagón de ida

Cuando muera
dirán que murió un bardo

que desandaba el mundo
buscando versos

Aunque duela morir
aunque duela,
¡qué paz tan extraña
aborda mis penas!

Adentro somos

En el garabato de cada ombligo
nace una luz exótica
transita por el río
que adentro somos.

Última llamada

En el espejo del diluvio
el vecino se cuela por las redes
deja detrás el guaraní y sus etnias

Los frutos en filas
en latas crecen en las cajas del súper

El lago del desierto en Túnez
cambió de azul a verde

En el horizonte
copula la playa negra de Zelandia
con el océano a escondidas y la Orca de
ocho toneladas
nos regala un vuelo

Desde la montaña Everest
y el Chimborazo de Ecu

se funda la galaxia del Milky Way

Mientras en un naufragio muere
mi loro enjaulado.

(XIV)

Comulgar con el futuro que nos une
la esperanza de sentir cada latido
quizá mañana más cerca

Cariño perdona la distancia
¿Cómo vamos a desvivir
el sendero que nos separa
y quitarle ausencias a la noche
al frío de sábanas que nos desgarra?

La bici y yo
I

Amanecí con la bici en la testa
su luz desbarata el estallido
de la memoria
ella y yo éramos una
por las calles de casa la monté
mientras el vecino regaba las flores/
del jardín y el coquero sacaba del brazo
su machete

Mi bici y yo éramos una
yo con el equilibrio y ella avanzando
por mis piernas
por medio de una nube
a la distancia pierde forma
la llovizna
va borrando sus ruedas

Vagón de ida

mi bici y yo de luto estamos
hoy sus gomas flotan en el Hudson.

II

Un hojalatero se adueñó de sus restos
quedé yo con el timbre del timón
para recordar
el timbre es más que amuleto

Es mi celular para llamar
a quien lo escuche a media noche.

III

Empuño esta memoria
desde una mecedora dorada
que ya no existe

Pedaleo hacia el cementerio
de paso por la funeraria.

IV

Hay veces en que me hago falta.

Bodeguero

En "Summer Days", Bob Dylan canta:
"Por supuesto puedes revivir el pasado"
mientras que en "Misisipi" canta:
"No puedes regresar del todo".

El bodeguero se sueña ansioso
al trenzar el viejo puente
con su ausencia

Patrocina el deseo para no olvidar
la pequeña pulpería y su regreso

Confuso piensa en su vivir
desde la memoria de un ventorrillo

Repite: - No English, Uncle Sam,
                            no comprende

Palitachi

Ayer durmió
cobijado por el fruto del mango

Hoy descansa en una La-Z-Boy
mientras relata hazañas inventadas

Fortuna de sudor y de mentiras,
hijos mezcla de criollo y extranjero,
nietos que no parlan Spanish;
atisbando hacia adentro
sólo quiere alejarse hasta otro sueño

Zapatos resbalosos que lamen los pisos
(bailando música urbana)
los desgranan chiripa a chiripa

La madama llena de corotos
codicia la fuente eterna,
los faciales no dan,
anhelando borrar la tez de ciruela

forever young;
liposucción a deshoras
no quiere que el busto
le llegue al ombligo
mientras se fermenta en Viagra

Su postura descose la cultura milenaria

regresa pasteurizado
a pagar promesas a lo gourmet
en viveros lo derrama casi todo
al guineo le dice banana

sin olvidar su parcela
revive los viajes en moto-concho

Sufre de escasez cultural
por la premura de llenar la olla;
no reposa en el idioma, en los museos
y menos en Broadway

Bodeguero,
autorretrato del pueblo emigrante
ya no compra en pulperías
sino que viaja a PriceSmart
en una jeepeta

Sus reservas aumentan
como el Hudson
colándose de incógnito
se ha convertido en la astilla del mundo

Transporta historias facturadas
de Dominican Heights;
mordiendo papeletas en las pupilas
el bodeguero y su fantasma
disfraza la felicidad
imitando el eco de un recuerdo
en Bananolandia.

Colmadero II

El colmadero sin naufragar en palmas
descendió de Pan Am a la quimera gringa
encerrado en el baño del avión

Partiendo del bohío de zinc y palos
se enmarida con una boricua
por papeles y miedo de cancelar
el alimony

Lo asalta una canción:
"Caminante no hay camino. . ."

Hijos híbridos
no promueven el conuco. . .

Él va leyendo los matatiempos
del puerto mientras le vende
a Hell's Kitchen

Palitachi

papas y sweet potatoes

Pasando factura se piensa en alto
trayectoria de un espejo:
del humilde bohío a Cibao Shipping
con plasmas, microondas y wifi

Invadido de penas
regresa para enjaularse
mientras el ladrón reina afuera

(El colmadero chichigüero al bailar
se zambulle en la memoria
donde no sueña ser uno más)

Termina deletreando su pasado
con el diario de compras y ventas
(Junior, el nieto, lo patentiza)
Colmadero for Dummies.

Las penas

No sé cuánto tiempo hemos estado aquí:
hemos llegado,
nos hemos quitado las penas.

(XI)

Cómo quisiera bailar un mambo
ver tu camisa al lado de mi falda
ver tus párpados jugar junto a los míos
cobijarnos
hasta donde se desvanecen las nubes
ante el sexo impune.

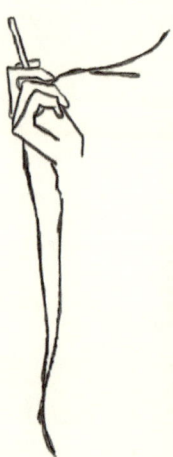

Macorix

> a Ludín Lugo

El silbido de locomotoras escondido
entre las cañas de azúcar
llegan los extranjeros
caña quemada sobre las lenguas
suspendido tiempo
soles sin ventanas
flotan sobre Macorís que llora por sus
naves de Santa Fe y Consuelo

El Porvenir escondido susurra
desde una colonia de hormigas...
Un delirio loco este de amarte.

Para cubrir sus cicatrices
                          a Chiqui Vicioso

¿Para quién viste una mujer?
¿Para quién viste una mujer
que no niega su feminidad?

Viste su cara de cualquier alegría
y cualquier tristeza

Compra zapatos a rédito
La vecina le presta un collar
le regala un espejo

A veces su estatura cambia
como cuando ella cambia de ropa
No puede cubrirse con una nube
por el dolor
se declara disecada de él

Una mujer se viste con el frío
de su intimidad para cubrir sus cicatrices
por la nostalgia de sus caderas
y para no quedarse en la cocina
la cama o en la vitrina de un balcón

Se viste cuando el viento la atrapa
como a Rosa Parks
Dentro de la niña que no pudo vivir en ella
los ojos cerrados y las puertas abiertas
de su patio interior

¿Para quién se desviste esa mujer?

Se desviste por aquellos encuentros
marchitos, por el tiempo
donde se enseñó a nombrarlos
y donde ya nada cabe en la premura
de un ombligo

Palitachi

Esa mujer se desviste por la igualdad
por el semen todavía seco
en su cintura.

El postre
I

Desvestida de tu piel duermo
hambrienta
El vecino toca, palpa,
huele el postre colado por la ventana.

II

Quiero lloviznar

Latidos pensantes arropan el pecho
cruje
el dulce éxtasis
del deseo.

III

Paladeo
tus latidos, estos latidos
pese a la distancia.

IV

El delirio
los deseos, las flores celestes, la casa.

Mujer del Este
Para leer en voz alta

Cuando nos dejen fuera de los libros
nosotras nos escribiremos en ellos
de nuevo.
—Tai Pelli

Una mujer está sola, sola con su
estatura. Con los ojos abiertos. Con los
brazos abiertos. Con el corazón abierto
como un silencio ancho.
—Aída Cartagena Portalatín

A todas las mujeres quemadas en la
hoguera por los inquisidores del tiempo
las que nunca merecen caer al olvido

Tropa cubierta de follaje árido
que pasó navajas por la barba

de los Pedros

Galope de melena por los cañaverales

La que quisieron callar, secuestrar
y dieron por muerta en un puente
la que sobrevivió la desembocadura
del Higuamo
al despertar sin Costa Blanca

Mujeres de todos los Estes:
luchadoras de sueños
Evangelina Rodríguez-Ludín Lugo-Mamá
Tingó Carmen Natalia Martínez-Salome
Ureña Delia Weber, de pupilas ebrias

Las escondidas matutinas nocturnas
llenas de cicatrices
en un vaivén doliente
marginadas, perseguidas, quemadas,

apedreadas, abatidas y humilladas

Emma Tavares Justo-Hilma Gautreaux
Yolanda Guzmán-Piky Lora
peregrinas guerrilleras
cenicientas del estado

Y dime de las del miedo
las del dolor ajeno
las doblegadas, mutiladas, atiborradas de
tabúes de miserias forzadas

Las que no pudieron ni probar un mabí
María Teresa-Minerva y Patria, heridas
hasta la muerte

Y las que no están en lápidas
de cementerios
las empastilladas estériles por inocencia

las que no pudieron presumir ni un
amor frío causa de dolor y corazones
rotos...

Pizarnik-Plath-Alfonsina Storni-Ann Sexton-Adela Florence-Ingrid Jonker-Lorence Hope Karyotakis Kostas-Reerika Vazinari-Veronica Micle

Decidieron salir a destiempo anónimas e ignoradas

Y qué dicen de las mustias violadas
de sus genitales
a veces desconocidas
vendidas desde un maletín ranchero.

Solo entre tantos

Alguien entra en la muerte con los ojos abiertos.
—Alejandra Pizarnik

Cansado de estar acostado
de que le crezcan las uñas y la barba

Estás cansado de tener los huesos desnudos de no ver la primavera en los árboles

de los poemas que viajan sin escribirse
de no ser habitado por caricias

De estar solo entre tantos
que no reconoces o recuerdas

Cansado de mis muertes y el calendario
de que la historia me siga sacudiendo
Cansado de no ver quién entra por las

Palitachi

calles quién no compra pan y vino
de no despedir las noches y de gritar
que aún no vivo dentro de ti

Esta mañana saquearon mi tumba
y desperté muerto de esta muerte
y quién sabe de cuántas más.

El escape

En el vino y el alfabeto de las noches
un beso tinto sostiene la distancia

No corras para alcanzarme
avanzo detrás de ti
camina hasta que anochezca
camina lento
en silencio
y enlaza los dedos entre las estrellas
del camino

Estoy más cerca de lo que imaginas
escucha el violín
el arpa, respira las rosas, lame las uchuvas

En los sueños que sueñan
con el puente de tus piernas
y deja que el rocío de la noche se desborde.

Dentro de ti

Cuando estoy despierto, te extraño.
Cuando duermo sueño que haces falta.
—Sandoka

I

Tal vez mañana no abrirás el mail
no responderás mis llamadas
no oleré tu perfume
tal vez tu esencia
muera en las sábanas.

II

Tal vez
convierta en cenizas tu ropa
el sostén rojo que cobijaba mis senos
el que arrebatabas en cada encuentro

Quizás, esta mujer, ahogada
despierte
en otro puerto, quizás
no niegue las estrellas.

III

Dejo esta popa
de cenizas
rodar sin tu aliento

La noche pasa, comienza el nuevo día

Y si llegas a despertar recuerda
que estoy más dentro de ti
que tú de ti mismo.

Destierro

Continua el engaño
he vivido muchos aeropuertos
sin ser notada por pilotos
capitán de flotas
coyotes y gatopardo

en ruta he visto
a los falsos profetas correr
nauseabundos entre Rusia y Asaad

he visto por la correa del equipaje
a un Tomahawks salir y morder la tierra

vi las mascaras de los sacerdotes
galopar en las calles por un túnel
buscando niños para salvarlos
y después acorralarle sus cuerpos

hemos visto consumirle tiempo
al miedo de mataderos intercontinentales

en transito he pasado puertos mientras
la guerra de los mundos altera la historia
como una cinta de auto destrucción

no estamos en transito por ningún
aeropuerto para ser mordidos por bestias
después de ser explotados
por salvajes extranjeros

llega el tiempo de don nadie
no hay escalas
regreso por el mar a ruinas
de edificios a un felino detrás de un perro
a los residuos del gueto

entre escombros rescato
hojas de un libro

Vagón de ida

aún suena la recolá en la memoria

en esta ruta sin salida

me siento más engañada
que en un santuario

sentada en una montaña de baldosas
las lagrimas me desviven
de los enmascarados

me encuentran un par de monedas
pudo ser para pan o el metro
pero los rieles dejaron de existir
y el trigo es polvo en aire

nos engañan nos engañan de nuevo
no hay donde anunciar
los desaparecidos
ni a las familias

Palitachi

Macondo en su último capitulo

no hay filas para la ostia
ni bancos para el padre nuestro.

(XXI)

Quién si no vos podrá cuidar
mis andares
Quién si no vos acomodará
el follaje de los cipreses en mi cuello
donde una gota espera su manantial
para estrechar la distancia
sentir rayos
remendar placeres
hasta romper la mirada que encierra
tu enigma
madrugar en el concierto de papagayos
donde la llama crea insomnios
y tus ojos-tus ojos han vivido más
que en el recuerdo

Vos
¿si no quién?

Après Whitman

Pelamos manzanas en una esquina
degollamos fantasmas en otra

Seco lágrimas del río
La luna seduce
no hacen falta las hostias

Hojas verdes
escalofríos en San Bernardino
almas fracturadas penetran la esfinge
un día que ya no es una carcajada

La vida sorprendida como Ícaro
       Gaza triturada
              Palestina silenciada

Al borde de la locura
madres jóvenes desangran sus ojos

Vagón de ida

mientras el diluvio de buitres
posa las golondrinas
termina el banquete sin Platón

y he de gritar mis ojos que dejen
de vigilar el camino.

Sus sueños, nuestros sueños
A las Lucrecia de Shakespeare
I

Una mujer no necesita vestirse ni desvestirse para padecer de los dolores y llantos que carga: grita en silencio los malestares de su entorno

Cada uno de sus pasos es una huella que acuna la cosecha de la historia
Aunque sea mordida por la rabia
del camino hecho de esfinges
su andar no divaga entre ellas
haciendo su propia ruta.

Transita hasta con los ojos cerrados.

II

Ella es un poema ecléctico al vapor de Gardel de Neruda de Vallejo y el verbo dariano, sin dejar de ser una Julia una Marie Curie una Rosa Luxemburgo, una Maga de Cortázar

Ella es la que tantos no saben leer...

III

La otra mujer es ella misma sin temer a la necesidad de cambiar la olla por una sartén eléctrica para sentirse moderna

La otra mujer tampoco necesita continuar estirándose el pelo o ponerse gel para rizarlo a la moda.

IV

En un viejo baúl sella los ojos de la sociedad que rechaza sus líneas de aprendizaje por los caminos abiertos

Ella no debe beber los sinsabores del círculo en Whisky Sour cuando se embaraza y se entierra viva con un: «hasta que la muerte nos separe».

V

Ella no necesita jurar por lo incierto del ejercicio social ni por la mentira de ninguna cruz.

Treinta años atrás despertaba a las cinco de la mañana, peinaba a sus hijos y prendía la leña para el café del marido

En los hallazgos de sus sentimientos y lealtades le secuestraron su tiempo
la libertad en una ciudad
con el mismo apellido que las demás

Al sol de hoy ella asume su mea culpa sin plusvalía de los fenómenos sociales.

VI

Las voces están sordas
Las lagunas crecen
contaminan su belleza
mientras
en deuda
con ella misma mora su búsqueda como
la bola negra
en una mesa de billar.

VII

Su ella invisible vomita lágrimas
por los órganos apagados del rechazo
(a destiempo)
A veces
(sin querer)
la convierten en la reina del caos.

VIII

Yace un ovario fallido
Descuida los senderos de sus órganos y el
creer la hace tener hijos de nadie

Sin fin de cuentas
carga en la conciencia
a las dos de la mañana
la hija que no llega en el viento gélido de
media noche.

IX

Una mujer se duele a sí misma
en el silencio del rechazo.

X

Otras voces la aíslan, la entierran; y aun
así: no le pueden diluir sus sueños.

Callar es complicidad

¿Y si nombro tus huellas?

Mejor no las nombro:
Buchonas amantes de los narcos

maldita guerra que parte
a los testigos de renuncias
Perú, Chile, Montevideo, Haití, Irak, México

No nombraré 1970, año cabalístico
callejones con azoteas
en el mundo de los cables y asesinatos
vía circuitos

Los hackers lobos solitarios
niños genios con dispositivos móviles
y sus redes sociales
primavera Árabe...

¡No! mejor ni nombrar el neoliberalismo
convertido en el averno de traba social

organizaciones mundiales, ministerios
agrícolas, de cultura, de salud, zona franca

Emprendedores de sectas dañinas
tragando lo básico del pueblo

(ni los palos aguantan)

Al Gore
con tapas en la boca:
el agua se nos acaba
el océano cada vez es más acido
la tierra castigada:
Tsunamis, tormentas tropicales
incendios y desperdicios humanos

¿Será que mutilar es parte

del plan climático?

Uhm…

En el oriente

potencia coronista
capital financiera del capitalismo

Miembro de la ONU sin alinear fronteras
ese compra aliados
contra el pueblo Palestino
mejor ni te nombro

Repudio el bloqueo a Palestina,
Cuba, Irán
etcétera, etcétera
mejor nombrar los fideos
Philips Morris, Oscar López, Mandela
y el cineasta Oliver Stone

ellos se revelaron

Los dedos solo se mueven para apuntar
a los rompe-banderas del proceso
puerta cerradas, corrupción, ignorancia
y odio
nos auto-acaba

Mejor ni te nombro el conuco
rebosado de injusticias, mosquitos armados
mientras los embelesados chupan
Coca-Cola
mastican Quiznos, Burger King y KFC

Los mercenarios del libre comercio
los desfalcos sangrientos y los malditos
emprendedores
cargando el wiki y wifi en el trasero
borrachos de millonarias
con diarrea de francos

ellos
grafiteros de marcas no tocables

La memoria de la guerra
nombra que me he suicidado
100 mil veces

Uhm...
callar la diferencia es complicidad.

(I)

Qué hora será en Venus
cuando acaricies mi pelo
el gato maúlle al borracho
lo echen del bar
el vecino encienda la luz
y la soledad de mis huesos parta sin ti
sin la mirada que dejas
en la emboscada de mi Olimpo
cada noche que vivo tus pantalones
vestida de amor Udrí en el insomnio
desgarrador

Qué hora será en Venus cuando hierva
la flor de jamaica
las campanas bailen en el vaticano
las luces Mayas escondan el vino tinto
los poetas borren Troya

Y tú, rasgando cráteres para rescatar a
Helena

Hace siglos que Venus no duerme
que el Aqueronte se tragó tus besos
y el polvo de mis huesos sin ti.

(XXXI)

No me pidan que cuente
las horas perdidas los días oscuros
el santuario las misas
las llamadas celuláricas la cábala
las pasiones por las camelias
amapolas del jardín
la miel azucarada y ostras quemadas
No me pidas que cuente las veces que
corrí las ventanas
y olí el perfume impregnado en las cortinas

Cuántas veces zigzagueante quedé
sin cantar tus llegadas?

A tiempo
infligen las horas de perdernos
de enfrentar (sin temores) el oleaje
y dormir clavados en la marea de un beso
rumor de olas
tierno amor de poetas

Contaría pinceladas

Palitachi

de sus dedos en mi desnudez
hasta revivir

la seducción que se escribe
sola.

(XXXII)

Aquí estoy perdida en la mitad de Roma
colada sin uno de tus besos
clandestinos
para romper la monotonía

Hay una fiesta esparcida en la distancia
aunque nadie baile o escuche su melodía
aparezco cada vez que me piensas
en la esponja de amantes platónicos
donde ayer extrañé no extrañarte

Del espejo tu nombre y el mío cuelgan
detrás de cada estrella tu mirada envuelve
las esferas se aceleran donde nos negamos
solo para ser

Cuando se rinda el día de hoy
iré por ti

Palitachi

desde la otra mitad de Roma.

(IV)

Hagamos el amor
quiero sentarme en un cyber-café
al aire libre
compartir un té-un-mate-un café
quiero sentarme a tu lado ver tus ojos
apretar tu tibia mano
conversar en silencio sin mordernos
los labios
para olvidar recordar lo no ocurrido
limpiar en tu desnudez
la sal derramada
encima de tu pecho
sentir tu perfume
con sudor-corazón acelerado
y sin darnos cuenta visitar
la luna los aguaceros
demás fantasmas sin palabra.

(VI)

Bajo la lluvia pregúntame lo que quieras
mientras empaco tus palabras
hechas tinta de nube derretida

Las amadas desilusiones se violentan
como el agua brava

Experiencias nefastas viajando
las sombras de los sinsabores
como huellas que rondan
cuando la noche avecina
extrañando la cascada de placeres
nos consumimos

Las noches cada vez más onduladas
donde arden los pasos esperando
sentada parada durmiendo soñando

Vagón de ida

Las sabanas habitan el vacío
ahogado sin tu cuerpo.

(X)

Te digo que voy no llego
dices adiós te quedas
en la mirada

Labios sedientos
ese devorar
que laten mis poemas

Ojos rasgados
con la ternura que teje
el cálido aliento de tu voz.

Ausencia

Los latidos en un cuarto oscuro
lloran tu ausencia

siento el aleteo de una paloma
llegar de mensajera pero se desvía
de horizonte
desde un carruaje oscuro
se escucha
'cuando quieras donde quieras'

siento que es la señal
porque se necesita
y porque es el instante

escuché anoche la oscuridad
del tamaño de unas tamboras
descender sobre mí
cubriendo los latidos

Palitachi

cansados de suspirar ausencias

camino en busca de nuevas pistas

camino para disipar y volver a la faena
para cubrir gastos

desde este contenedor humano
diviso otra paloma al vuelo
tiene una rama entrelazada
en silencio pregunto
¿será este el mensaje
o simplemente albergue para su nido?

mientras el mío le pertenece al empate
que crea el vacío en la oscuridad
la ausencia llora cada latido sin aleteos.

Plagio

Me plagio los sueños
mientras medito el vacío
y la espera de un cambio

Me plagio para sentir que
una vez pude ser la dueña
de una realidad alcanzable

En esta sociedad dominante
la industria elitista
engendra esclavos a las etiquetas

arrastran la pobreza a los pueblos
violan los derechos
de vivir de sonreír

me plagio en el kétchup
de los perros calientes

Palitachi

en las avellanas
que le tiran a las ardillas
en las pesuñas de las aves

migratorias

porque no hay nada que buscar
entre crecientes corruptos que
parimos sin darnos cuenta

ellos con sus zapaticos de charol
puntas de hierro y corbata
prestada

desgarran los sueños
contaminan la esperanza
de los dreamers

mi sueño lleno de cayos
es algo que no podrán

exterminar

aunque afilen el machete
un sin número de veces

me plagio, me plagio
y me plagio

porque el pueblo debe ser una rosa
y no la espina que dejan
cuando adornan sus entre salas
y banquetes como la cena
de Platón o aquel beso
de Judas.

Broken

*A todas las mujeres que sufrieron
sin poder...*

yo nací cara mala rota y mutilada
un padrastro me golpeaba
el vecino me violaba
mientras su mujer vendía café
en la esquina donde mi padrastro
se la jugaba

los sábados después de la cena
qué importaba si existían velas
sin fósforos la brisa soplaba
oscura y amarga entre el callejón
donde la herida brotaba

yo nací cara mala rota y mutilada

mi mami decía que la ruta

Vagón de ida

de ser mujer
           era otra cosa

sé que existen mujeres despiertas
con los ojos cerrados
en la misma miseria

yo no nací para ser rota
ni vivir explotada

una tarde el vecino le rompió
cuatro patas a sus gallos
la sangre corrió hasta el hueco
de mi ventana
amaneció seca a orillas de mi cama

yo sé que nací para no ser rota y mutilada
también sé que una noche
cualquiera te droga el sentir

recuerdas el vecino y rechazas
cualquier deseo

nací enroscada del golpe
de otra muerte
de nuevo con vida en esta máscara
del padrastro y el vecino

yo nací con los ojos agrietados
a mutar cada golpe como la semilla
del café tostado

una noche cualquiera
naceré de nuevo sin ser mutilada
por un cara mala

(así naceré).

Cementerio

La ciudad del puente
solo tiene vida en la cueva
de la noche

sin olor a café su avenida entorpece
le pellizca la nostalgia del gato
que escarba y esconde sus heces

ya no huele a sudor de hombre
la tinta del libro se esfuma

esta ciudad no es de Whitman
       ni tampoco de Federico

se ha borrado el grafiti de los muros
son muchos los escombros
de una vajilla que se entretiene

Palitachi

en un rompecabezas
la mar le ha escondido el credo
a todos los extranjeros

el puente es el recuerdo
de una tierra
        llamada ciudad.

Instante

Me lloro
ante las madres del Boko Haram
mother fucker
puta madre

Ronchas de fantasmas
búsqueda del instante.

La bestia

Que más quisiera yo que escribir
para el pueblo
—Antonio Machado

Hay un maldito tren con un vagón
de ida hacia la muerte
donde suben los desafortunados
en busca de un mejor café

Cuando pasa roba sueños
que nunca existieron
sueños que ni siquiera durmieron
dejando la memoria virgen

En él suben las mulas de los narcos
los sin olores, los descarrilados
con el dolor de fósil podrido
y abandono como 'La hojarasca'

Vagón de ida

Hay un maldito tren descalzo
lleno de voces apagadas
cobrándose el último aliento

entre los escombros hurgando
ojos al insomnio moribundo

En el vagón de la muerte
se empacan a despertar realidades
espejeando tristes verdades
suicidio colectivo, matanzas y delitos
sin un por qué
Invasores de felicidad, roban vidas
secuestros
muertes que no desprenden
como una adicción devorante
amordazada al mal

Hay un maldito tren que regresa
a cobrarse muertes a la vasca

llevándolas a la basura de Occidente

Termina vidas que aún no nacen,
ronda niños asustados,
recién nacidos defecan sin mamar
cuando los bichos entre vagones
se los chupan

Los colgados viajan entre filas
hablando del allá que nunca han visto

Historias de corrupción
se hacen realidades

¿Qué diablos pasa aquí?

La bestia de metal
desplaza pueblos fantasmas
mansos se dejan golpear
mutando prisioneros de su propia piel

cuando se salpican a mares extranjeros
en huellas del terror

Lugar de cruces, desaparecidos
donde el viento hace correr lento
Las abuelas pasan fundas
de tortillas y agua

La patrulla fronteriza detiene mujeres
madres niñas, las viven las usan
se adueñan de su miedo

Maldito el hombre que tira creencias
en el vagón de la muerte
calcinándose en la estepa del sondeo

No hay piedad ni palabras
todo partió a la caca de potrero
sin ganado

Palitachi

Estas vidas no tienen acúmulo
no pueden ni vivir
el momento del suicidio colectivo

¿cuantos caminos dejaron sin andar?

Centro América corre el camino
de los indocumentados
menos que muchos regresan sin señal
en bolsas negras
otros se pierden entre escombros
peor que el susurro del mercado

Ellos querían hacer otra cosa
con su vida

infiltrarse
a un mejor almuerzo

El Paso del Norte los escupe de regreso

con alfileres en los pelos
tejiendo el dolor oculto

Vagón de sur a norte
con interés al centro
deshaciendo tejadas en mi país

Porque aquí a lo lejos se arma el viento
y las epifanías caminan sin luz
en busca de sus Chamanes

Hay un tren maldito
maldito tren con un vagón de vidas pendiente
sin pistas a seguir
violando las flores de nuestra primavera

Ocurre que a veces
somos ese maldito tren.

Feisbukeando

A los cinco mil que me dejaron...

El mercado del pueblo
carece de olores
ciudad sin fronteras
sin visas
como etnia del mundo
posees tu propio dialecto

Eres la passion fruit de la noche
pueblo sin fronteras
en ti aparecen los desaparecidos
los buscados y hasta los no codiciados
origen de casamientos y machetazos

el vecino Twitter constantemente te reta
pero carece de tus paisajes
y de un fan page

Vampiro del tiempo
donde visitantes quedan rumiando
anestesiados, conquistados por un like
en delirio se queman los quehaceres

A veces los líderes
se piensan Eros o Dulcinea
desafiando la etnia de Cervantes
se apoderan de Darío
mientras otros en vela
cosechan ventanas ajenas

Tu patio conectado a YouTube,
por la ventana del lago políticos en espera
piden donaciones, niños perdidos
men and women viven del eco "me gusta"

¡Pueblo!
Facemash, Social Network
eres una selva sin mosquitos.

Nueva York

Vestida de reflejos y cautiva
(matices, sonidos, rascacielos. . .)
así te desando

Nueva York, Nueva York
en mis venas funde tu selva
(y el meollo) de culturas
puertas sin paredes
acarrean mis pensamientos
paredes tatuadas
señales que no entiendo,
tonos y símbolos extranjeros
disfrazados de quehacer

Nueva York, el vaivén agitado
que interrumpe el silencio
cuerda de acero
vuela del nido con alas de hambre

Vagón de ida

Washington Heights
enanos frente a Hiroshima

pueblo hispanoparlante
cultura de acumulación
metrópoli
y precipicio de dudas

lágrimas que huelen a utopía
dolor sin pañuelo, heridas de hambre
llagas en las avenidas,
el corazón de la isla
mientras varios senderos sangran

Norte,
destino forzado, deseos insaciables
aunque regresemos, estamos anidados
a un rincón de Nueva York

En la oscuridad llena de

Palitachi

voces sin nombres
ruidos sin rostros
correr en una melodía acelerada
todo por volver a despertar
mecida en ella

Instantes eternos
renacen en murmullos

Sólo tú, Nueva York,
tú Nueva York.

Vagón de ida

María Farazdel (Palitachi). República Dominicana. Poeta, conferencista y editora. (AWA). Dos veces galardonada en el International Latino Book Award, 2017 y 2018. (PD) Long Island University (CWP), (MA) Fordham University, (BA) Hunter College, City University of New York. En Bolivia recibió la condecoración de 'Embajadora universal de la cultura' avalada por la UNESCO, 2014. En Miami fue nombrada 'Embajadora honorífica' por S.I.P.E.A., 2017 y 'Embajadora de milibrohispano', reconocimiento por difundir la literatura latinoamericana proclamado por la alcaldía de Nueva Jersey, 2017. Traducida al inglés, francés, italiano, serbio, árabe y portugués. Miembro del PEN Club of America y de la Academy of American Poets. Ha publicado los libros: My Little Paradise, Entre voces y espacios, De cuerpos y ciudades, Las horas de aquel paisaje, Once puntos de luz, Infraganti, Bitácora del insomnio, Vagón de ida, #@nicaragüita convocada, la pentalogía: Voces de América Latina (I-III) 2016. Voces del vino 2017 y Voces del café 2018. Figura en más de 33 antologías.

Índice

Huellas | 1
Hope | 2
Click | 5
De frente | 6
Sola | 8
Némesis en Harlem | 9
Amecameca | 14
En vuelo | 15
De un retrato ~ I | 17
II | 19
Puerta del cielo | 20
Adentro somos | 22
Última llamada | 23
(XIV) | 25
La bici y yo ~ I | 26
II | 27
III | 29
IV | 30

Bodeguero | 31

Colmadero II | 35

Las penas | 37

(XI) | 38

Macorix | 39

Para cubrir
sus cicatrices | 40

El postre ~ I | 43

II | 44

III | 45

IV | 46

Mujer del Este | 47

Solo entre tantos | 51

El escape | 53

Dentro de ti ~ I | 54

II | 55

III | 56

Destierro | 57

(XXI) | 61

Après Whitman	62
Sus sueños, nuestros sueños ~ I	64
II	65
III	66
IV	67
V	68
VI	69
VII	70
VIII	71
IX	72
X	73
Callar es complicidad	74
(I)	79
(XXXI)	81
(XXXII)	83
(IV)	85
(VI)	86
(X)	88

Ausencia	89
Plagio	91
Broken	94
Cementerio	97
La Bestia	100
Feisbukeando	106
Nueva York	108

Del libro: Bitácora del insomnio

Amecameca
De un retrato
II
Cementerio
De frente
Broken
Última llamada
La bici y yo

Del libro: De cuerpos y ciudades

Huellas
Grito tu nombre
Puerta del cielo
Callar es complicidad
Némesis en Harlem
Nueva York
Bodeguero
Colmadero II
Feisbukeando

Del libro: Las horas de aquel paisaje

El escape
Las penas
Après Whitman
Adentro somos
Dentro de ti
El postre
Para cubrir sus cicatrices
Instante
Macorix
Sus sueños nuestros sueños
Mujer del Este
Solo entre tantos

Del libro: Infraganti

(i)
XXXII
IV
VI
X
XI
XIV
XXI
XXXI

Poemas inéditos

Plagio
Destierro
Ausencia
En vuelo
Hope
La bestia
Click

Del libro: Infraganti

"María Palitachi juega con el yo íntimo hasta deshilachar la palabra que irrumpe certera, desenfadada, confesional en su instinto por estar con ese amor ausente presente, para saborear desde lo prohibido esa pasión que la ata y desata a la memoria, en donde el otro solo se deja amar."

-Leda García

"Estamos en presencia de una poesía confesional, descriptiva, que no requiere de metáforas rebuscadas para asestar el golpe final logrado verso a verso.
La autora nos lleva casi sin darnos cuenta hasta su mundo de soledad y nostalgia. El amado termina siendo nuestro amado y nosotros ella misma. Un poemario en el que "más allá del todo, somos hiedra", porque

nos gana "la noche de nostalgia", que María respira y suda desde el mismo deseo que la enciende, para evocar los cuerpos trenzados de caricias que añora desde el otro lado de la libertad, trabajada sin muros golpeados por el punto y la coma, poemas de largo aliento, divididos en estrofas, forjados en versos, con cabalgamientos y libre de signos de puntuación, en los que se recurre a la libertad de un decir abierto.

Es un canto de amor y desamor, itinerante, pasional, erótico, y fantasioso, de una Penélope posmoderna y caribeña, que espera (sentada, parada, viajando entre ciudades distintas) por un amante/amor ideal, quimérico, perdido, tal vez ya inexistente."

-Eduardo Gautreau de Windt

Del libro: Bitácora del insomnio

"La autora, con un lenguaje sobrio, cuya nitidez hace resaltar la contundencia de los temas, nos transporta a la belleza y sugerencias reveladoras. "La Pachamama diosa de los Andes/solloza". "Paso por la tierra olvidada/para que no se olvide". Versos que anuncian aquello que ha separado al hombre de la creación y de sí mismo. Así la poeta entra en cada página y despliega paisajes, algunos reconocibles, otros sin color local pero íntimos para su yo lírico. En sus versos respira un universo móvil habitado por peces, ríos, palomas, colibríes, mariposas, "el día parte de mí/ como el océano de las memorias". En realidad, el paisaje es ella, la poeta en movimiento y con sentimientos en la búsqueda de un mundo que se redima a sí mismo."

-Diana Blanco

"La distancia pierde forma con el tiempo, no obstante la palabra vuelve a darle aquella forma necesaria en el barro del recuerdo. El hablante es un parque, un pueblo una casa, una rambla espacios de encantamiento y aberración donde 'Mueren cada día las aves' Ella registra el itinerario de su paso por los íntimos lugares del ser y los del mundo. Estos poemas llevan paginas abiertas a la nostalgia de si mismo en la ausencia de la hojalata al viento y que revelan la mascara de la muerte en el día que parte de mi. La magia del acto verbal lo resucita, lo hace estallar hacia el presente atemporal."

-Ana C. Blum

Del libro: Cuerpos y ciudades

"María Palitachi nos describe un estado de ánimo plagado de aristas a través de las cuales podemos abordar su obra. Esta obra, que es una especie de un par de hijos siameses, cuyo tronco o corazón tiene diástoles y sístoles comunes por donde drena sangre con una simbiosis poética interesante, por el hecho empírico ineludible que crea riquezas temáticas y giros harto. Interesantes, abonados por la fertilidad de los idiomas castellano e inglés. Podemos ver, además, que la autora no obvia la ancestral denuncia ni calla su voz ante los hechos macabros que blandieran su azada en contra de la vida: Estas palabras la colocan dentro de la inquietud que representa la multitud danzante en el escenario de la muerte. Es ésta una poesía de denuncia porque la poeta no puede olvidar que es agente pasivo de las congojas que la masacre de los fuertes crea en el mundo; no solamente es ésta poesía de divertimiento y lírica sino también de compromiso y de entrega, de rabia y de gritos, de congoja y de miedo."

-Omar Messon

www.ingramcontent.com/pod-product-compliance
Lightning Source LLC
Chambersburg PA
CBHW021441080526
44588CB00009B/634